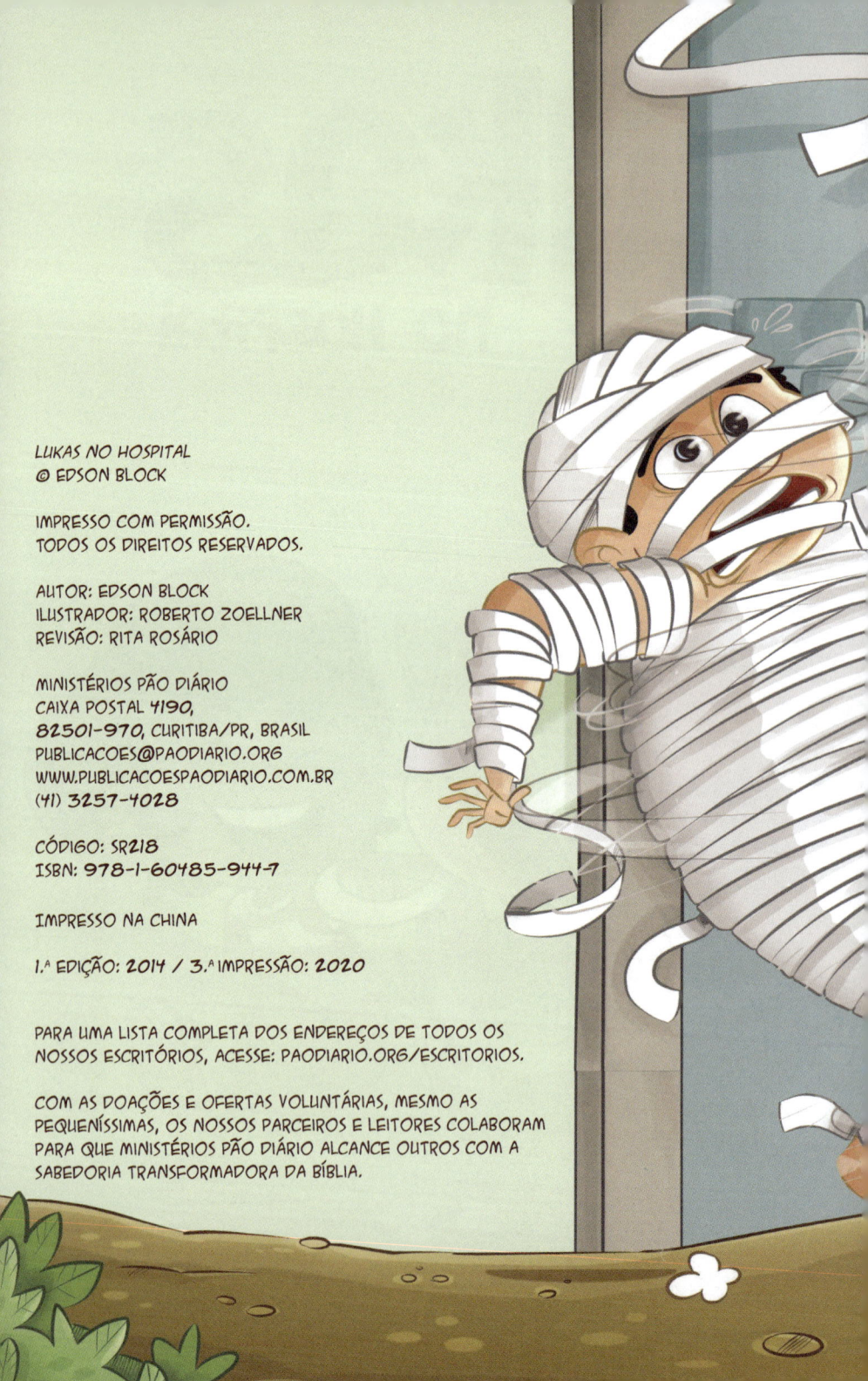

LUKAS NO HOSPITAL
© EDSON BLOCK

IMPRESSO COM PERMISSÃO.
TODOS OS DIREITOS RESERVADOS.

AUTOR: EDSON BLOCK
ILUSTRADOR: ROBERTO ZOELLNER
REVISÃO: RITA ROSÁRIO

MINISTÉRIOS PÃO DIÁRIO
CAIXA POSTAL 4190,
82501-970, CURITIBA/PR, BRASIL
PUBLICACOES@PAODIARIO.ORG
WWW.PUBLICACOESPAODIARIO.COM.BR
(41) 3257-4028

CÓDIGO: SR218
ISBN: 978-1-60485-944-7

IMPRESSO NA CHINA

1.ª EDIÇÃO: 2014 / 3.ª IMPRESSÃO: 2020

PARA UMA LISTA COMPLETA DOS ENDEREÇOS DE TODOS OS NOSSOS ESCRITÓRIOS, ACESSE: PAODIARIO.ORG/ESCRITORIOS.

COM AS DOAÇÕES E OFERTAS VOLUNTÁRIAS, MESMO AS PEQUENÍSSIMAS, OS NOSSOS PARCEIROS E LEITORES COLABORAM PARA QUE MINISTÉRIOS PÃO DIÁRIO ALCANCE OUTROS COM A SABEDORIA TRANSFORMADORA DA BÍBLIA.

DÁ SÓ UMA OLHADA NO TIPO DO CARA!
RECEPÇÃO
ACHO QUE ELE NÃO VAI DEIXAR A GENTE ENTRAR NÃO!
E AGORA? COMO É QUE FAREMOS?
HUMMM... ACHO QUE JÁ SEI!
BLÁ BLÁ BLÁ BLÁ...

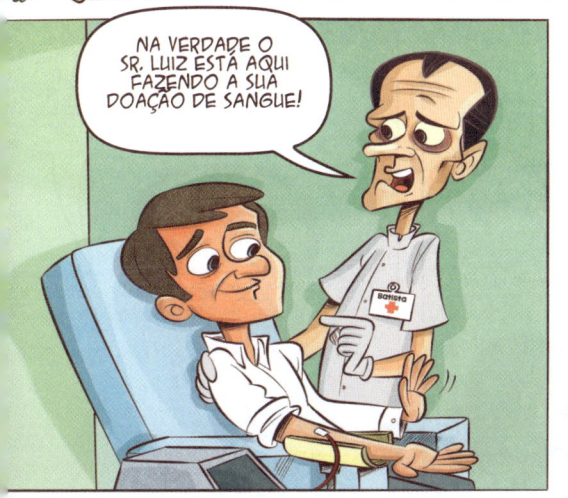

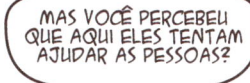

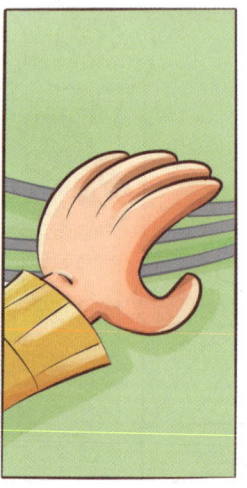

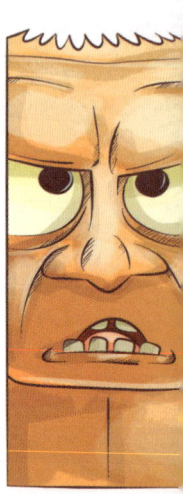

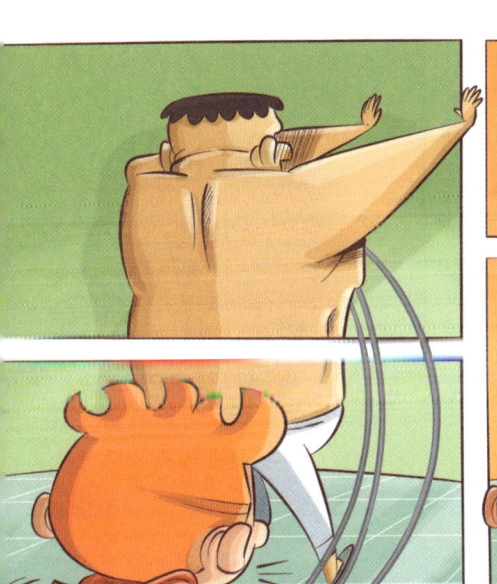

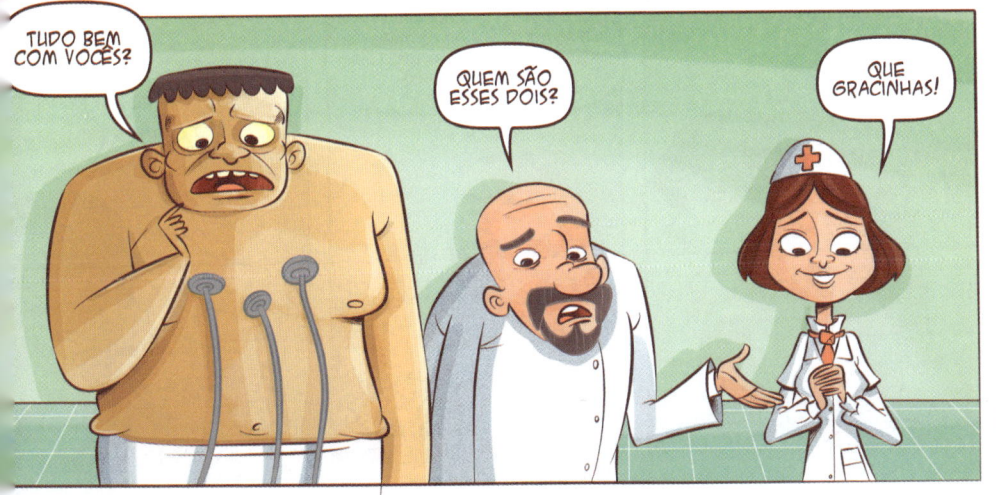

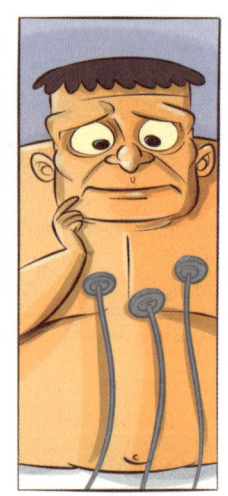

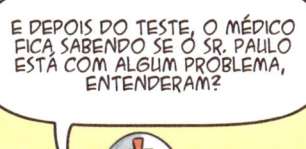

MOÇO, O SENHOR ESTÁ BEM?
TÁ PRECISANDO DE AJUDA?
OI CRIANÇAS! ESTOU BEM SIM, OBRIGADO POR PERGUNTAR.
É QUE O SENHOR ESTÁ AÍ NO CHÃO, DE JOELHOS...
TÁ COM PROBLEMAS PARA ANDAR?
EU ESTOU ÓTIMO!
E ESTAVA DE JOELHOS ORANDO!

— ORANDO?

— ISSO MESMO, ORANDO!

— AH JÁ SAQUEI!

— VOCÊ ESTAVA ORANDO PARA A CRUZ PORQUE TÁ COM MEDO DE VAMPIRO, NÉ?

— FICA TRANQUILO, AQUI NO HOSPITAL NÃO TEM VAMPIRO NÃO!

— NÃO MEUS QUERIDOS, NÃO ESTOU ORANDO POR CAUSA DOS VAMPIROS...HE HE HE.

— EU ME CHAMO MARCOS, E SOU O CAPELÃO AQUI DO HOSPITAL. ESTAVA AQUI ORANDO EM FAVOR DE TODOS OS QUE ESTÃO INTERNADOS AQUI COM ALGUM PROBLEMA.

EU SOU O LUKAS E ELA É A ANINHA.
VOCÊ PODE EXPLICAR MELHOR ESSE LANCE DE ORAÇÃO?
MAS É CLARO!
EU ESTAVA PEDINDO A JESUS QUE ELE ABENÇOE TODOS OS PACIENTES DAQUI...
JESUS? AQUELE UM DO NATAL?
O BEBEZINHO DA MANJEDOURA?
ESSE MESMO. MAS ELE CRESCEU E DEUS LHE DEU UMA MISSÃO IMPORTANTE!

ENSINOU QUE DEVEMOS AMAR A DEUS E AO NOSSO PRÓXIMO.

ATÉ A MINHA SOGRA?

CUROU MUITAS PESSOAS DOENTES

O QUE OS OLHOS NÃO VEEM, O ESTÔMAGO NÃO SENTE...

ENSINOU QUE PARA IRMOS AO CÉU, TEMOS DE SER COMO AS CRIANÇAS.

O CARA VAI PARA O CÉU...

OSTROU QUE DEVEMOS PEDIR PERDÃO PELOS NOSSOS PECADOS E TAMBÉM PERDOAR A QUEM NOS OFENDEU.

E NO FINAL, JESUS MORREU NA CRUZ PELOS NOSSOS PECADOS.

MAS SE JESUS MORREU, COMO É QUE ELE PODE TE OUVIR?
COMO JESUS ERA SEU FILHO, DEUS RESSUSCITOU ELE DOS MORTOS 3 DIAS DEPOIS, E MUITAS PESSOAS VIRAM E FALARAM COM ELE.
SÉRIO?
SIM, DEPOIS DE PASSAR UM TEMPO COM SEUS DISCÍPULOS JESUS FOI PARA O CÉU, MAS GARANTIU QUE ESTARIA TODOS OS DIAS AO NOSSO LADO.
PUXA, QUE LEGAL ESSE JESUS HEIN?
POR ISSO ELE É O MEU MELHOR AMIGO!
VOCÊ É AMIGO DE JESUS?

SIM! E VOCÊS TAMBÉM PODEM SER AMIGOS DE JESUS!
PODEMOS?
E COMO É QUE ENCONTRAMOS JESUS PARA FICARMOS AMIGOS DELE?
NÓS PODEMOS ORAR PARA QUE JESUS VENHA MORAR DENTRO DO CORAÇÃO DE VOCÊS...
NO MEU CORAÇÃO? EU QUERO!
ALGUM PROBLEMA LUKAS?
É QUE EU DESOBEDECI A MINHA MÃE, MENTI PARA ELA E ACHO QUE JESUS NÃO VAI QUERER SER MEU AMIGO POR CAUSA DISSO...
SABE LUKAS, JESUS ENTENDE ISSO, E ELE QUER SER SEU AMIGO DA MESMA FORMA...
ELE TE AMA COMO VOCÊ É, E QUER AJUDÁ-LO A CONSERTAR ISSO COM A TUA MÃE.

— SÉRIO? ENTÃO ELE PODE FALAR COM ELA POR MIM?

— NÃO LUKAS, JESUS NÃO VAI FALAR EM TEU LUGAR. MAS ELE VAI PERDOAR TEUS PECADOS

— E TE DAR CORAGEM PARA TAMBÉM PEDIR PERDÃO À TUA MÃE, O QUE ME DIZ?

— BEM, TEM OUTRAS COISINHAS...

EU TAMBÉM COLEI NA PROVA DE MATEMÁTICA...

SURRUPIEI UMA FIGURINHA DO ÁLBUM DO BETO...

E DESCI O BRAÇO NO CADU, POIS ELE É MUITO CHATO!

— PELO JEITO VOCÊ TEM BASTANTE COISA PARA CONTAR PARA JESUS...

— NÃO SE PREOCUPE COM ISSO LUKAS. JESUS ENTENDE TODOS OS NOSSOS PROBLEMAS, É SÓ ABRIR O TEU CORAÇÃO PARA ELE.

— E COMO EU FAÇO PARA FALAR COM JESUS?

— HE HE... É SÓ PENSAR ELE E FALAR QUE ELE TE OUVE.

— PRECISO FECHAR OS OLHOS?

— SÓ SE VOCÊ QUISER.

— VAI ACONTECER ALGUMA COISA ESTRANHA QUANDO EU FALAR COM ELE?

— HE HE HE... SÓ ALEGRIA NO TEU CORAÇÃO!

— ANINHA, VOCÊ QUER CONVERSAR COM JESUS JUNTO COMIGO?

— CLARO QUE SIM! TAMBÉM QUERO TER ELE EM MEU CORAÇÃO!

JESUS, EU QUERO MUITO SER TEU AMIGO. E QUE VOCÊ VENHA MORAR EM MEU CORAÇÃO. APRENDI AGORA QUE DEVEMOS AMAR AOS OUTROS, E ACHO QUE TENHO PISADO NA BOLA COM ALGUMAS PESSOAS. POR ISSO EU PEÇO QUE VOCÊ ME PERDOE E ME AJUDE. SEI QUE COM VOCÊ EM MEU CORAÇÃO VOU TER MAIS ALEGRIA EM VIVER, E TAMBÉM TEREI MAIS AMOR PELAS OUTRAS PESSOAS. TAMBÉM QUERO PEDIR QUE VOCÊ NOS AJUDE A ENCONTRAR O BETO. VALEU JESUS!
SABE JESUS, SÓ DE PENSAR QUE VOCÊ VAI MORAR NO MEU CORAÇÃO, ELE JÁ SE ENCHEU DE ALEGRIA. QUERO QUE VOCÊ SEJA MEU MELHOR AMIGO E ME AJUDE A SER BOA COM AS OUTRAS PESSOAS TAMBÉM.

QUE LEGAL! AGORA SOMOS IRMÃOS EM CRISTO!
COMO É QUE É?
ISSO MESMO! AGORA VOCÊS FAZEM PARTE DA FAMÍLIA DE JESUS CRISTO!
AH, ENTÃO AGORA EU SOU UM CRISTÃO?
ISSO MESMO!
PRECISAMOS CONTAR ISSO PARA O BETO!
É, SÓ QUE TEMOS DE ENCONTRAR ELE PRIMEIRO.
EU VOU AJUDAR VOCÊS A ENCONTRAR O BETO, MAS PRIMEIRO VOCÊS ME AJUDAM, O QUE ACHAM?
E NO QUE PODEMOS AJUDAR VOCÊ?
EU VOU VISITAR UM PACIENTE QUE CHEGOU ONTEM AQUI, E VOCÊS PODERIAM ME AJUDAR A ALEGRAR ELE UM POUCO, QUE TAL?
LEGAL!

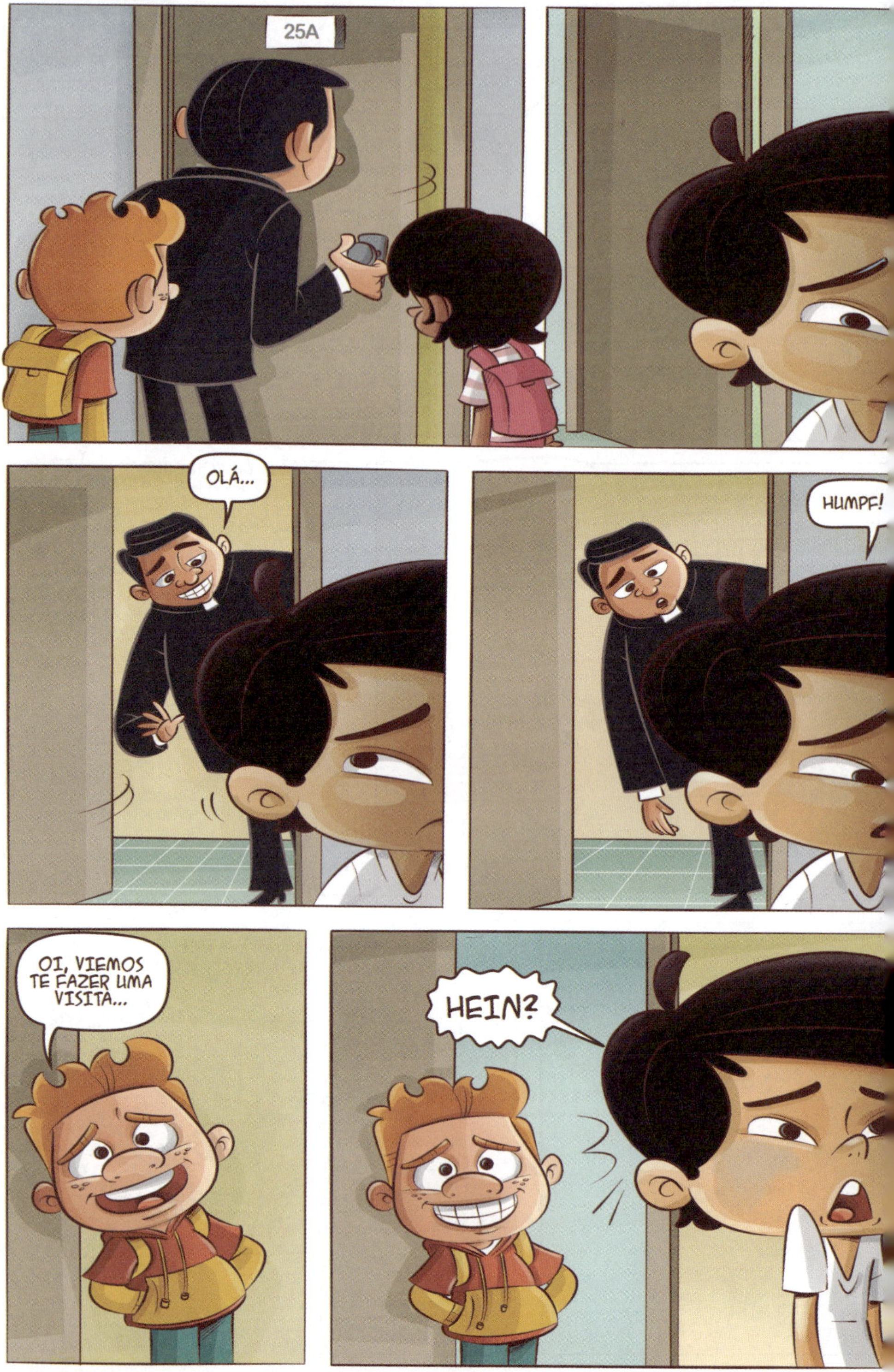
25A
OLÁ...
HUMPF!
OI, VIEMOS TE FAZER UMA VISITA...
HEIN?

LUKAS?
BETO!!!
CARA, TE PROCURAMOS TANTO!
LEGAL QUE ACHARAM!
VOCÊ NEM IMAGINA TUDO O QUE PASSAMOS ATÉ CHEGAR AQUI
COMO ASSIM?
ENFRENTAMOS UMA TERRÍVEL CAVEIRA...
TIVE DE LUTAR CONTRA UMA MÚMIA!

— QUASE FOMOS DEVORADOS POR UM VAMPIRO!

— E TAMBÉM SALVAMOS A ESTER DO FRANKESTEIN.

— SÉRIO?

— BRINCADEIRA CARA...

— NÓS É QUE NOS ASSUSTAMOS COM COISAS QUE NÃO CONHECÍAMOS.

— UFA, EU JÁ ESTAVA FICANDO APAVORADO!

— ESSE É O MARCOS, ELE É O CAPELÃO AQUI DO HOSPITAL.

— ELE NOS APRESENTOU JESUS, QUE ESTÁ NO CÉU E NO NOSSO CORAÇÃO.

— MUITO PRAZER, EU SOU O MARCOS.

— ERRR... EU SOU O BETO

— MAS AFINAL, POR QUE VOCÊ VEIO PARAR NO HOSPITAL BETO?

EU ME SENTI MAL E COMECEI A VOMITAR MUITO. AÍ MINHA MÃE ME TROUXE PARA CÁ!
FIZERAM UM MONTE DE PERGUNTAS, ME COLOCARAM NUMA MÁQUINA QUE TIRA FOTOS DE DENTRO DO CORPO E TIRARAM UM POUCO DO MEU SANGUE...
E O QUE APARECEU NAS FOTOS?
NÃO SEI. O MÉDICO DISSE QUE VIRIA AQUI MOSTRAR E DIZER O QUE TEM DE ERRADO.
SERÁ QUE ELE VAI DEMORAR?
ACHO QUE NÃO, POIS EU OUVI A VOZ DO MÉDICO AGORINHA A POUCO ALI PERTO DA PORTA.
LUKAS, VAMOS LÁ PERGUNTAR PARA O MÉDICO. ENQUANTO O MARCOS CONTA A HISTÓRIA DE JESUS PARA O BETO...

Painel 1:
— VOCÊ ACHA QUE ELE TEM ALGUMA CHANCE?
— NENHUMA!

Painel 2:
— MAS ELE É TÃO NOVINHO!
— EU SEI, MAS O CASO DELE É GRAVE...

Painel 3:
— NÃO DÁ PARA TENTAR UMA RECUPERAÇÃO?
— NÃO DÁ MAIS TEMPO!

Painel 4:
— QUE SOFRIMENTO VAI SER!
— NEM ME FALE!

Painel 5:
BUÁÁÁ

HEI, O QUE HOUVE?
BUAA
BUAAAA
BUAA
BUAAAA
ELE VAI MORRER!
DE QUEM VOCÊ ESTÁ FALANDO?
DO NOSSO AMIGO BETO!
E QUEM TE FALOU UMA COISA DESSAS?
BUAAAA
É? VOCÊ ACABOU DE FALAR QUE ELE JÁ ERA!
QUE NÃO TEM CHANCE NENHUMA...
E QUE O CASO DELE ERA GRAVE...
E QUE NÃO TEM TEMPO DE FAZER MAIS NADA!

KIA KIA KIA KIA KIA KIA KIA KIA KIA
TÁ RINDO DA DESGRAÇA DO MEU AMIGO TÁ?
CALMA, A GENTE NÃO ESTAVA FALANDO DO TEU AMIGO NÃO!
NÓS ESTÁVAMOS FALANDO DO NOSSO TIME DE FUTEBOL QUE VAI SER REBAIXADO PARA A SEGUNDA DIVISÃO...
UFA! QUE SUSTO!
MAS E O BETO?
ESTOU INDO NO QUARTO DELE PARA MOSTRAR OS RESULTADOS DOS EXAMES. VAMOS LÁ?

— OLÁ!

— ENTÃO DOUTOR, É MUITO SÉRIO?

— FIQUEM TRANQUILOS POIS O BETO ESTÁ BEM E JÁ PODE IR PARA CASA.

— MAS O QUE ACONTECEU COM ELE?

— VOCÊS ACHARAM ALGUMA COISA?

— BEM, NÓS ACHAMOS AQUI 15 PASTÉIS, 12 PEDAÇOS DE PIZZA, 8 BOLINHOS DE CARNE E 4 EMPADINHAS!

ENTÃO SENHOR BETO, O QUE TEM A NOS DIZER SOBRE ISSO?

ERRR...

ACHO QUE A AZEITONA DA EMPADINHA NÃO CAIU BEM...

HÁ HÁ HÁ HAHAHAHA HÁ HÁ HÁ HAHAHAHA HÁ

FIM.